कागज़

JAZBAATON KA AASHIYANA

हर्षित अग्रवाल

Made with ♥ on the Notion Press Platform
www.notionpress.com

क्रम-सूची

प्रस्तावना vii

1. शायरी 01 1
2. शायरी 02 2
3. शायरी 03 3
4. शायरी 04 4
5. शायरी 05 5
6. शायरी 06 6
7. शायरी 07 7
8. शायरी 08 8
9. शायरी 09 9
10. शायरी 10 10
11. शायरी 11 11
12. शायरी 12 12
13. शायरी 13 13
14. शायरी 14 14
15. शायरी 15 15
16. शायरी 16 16
17. शायरी 17 17
18. शायरी 18 18
19. शायरी 19 19
20. शायरी 20 20
21. शायरी 21 21

क्रम-सूची

22. शायरी 22 22
23. शायरी 23 23
24. शायरी 24 24
25. शायरी 25 25
26. शायरी 26 26
27. शायरी 27 27
28. शायरी 28 28
29. शायरी 29 29
30. शायरी 30 30
31. शायरी 31 31
32. शायरी 32 32
33. शायरी 33 33
34. शायरी 34 34
35. शायरी 35 35
36. शायरी 36 36
37. शायरी 37 37
38. शायरी 38 38
39. शायरी 39 39
40. शायरी 40 40
41. शायरी 41 41
42. शायरी 42 42
43. शायरी 43 43

क्रम-सूची

44. शायरी 44 — 44
45. शायरी 45 — 45
46. शायरी 46 — 46
47. शायरी 47 — 47
48. शायरी 48 — 48
49. शायरी 49 — 49
50. शायरी 50 — 50
51. शायरी 51 — 51
52. शायरी 52 — 52
53. शायरी 53 — 53
54. शायरी 54 — 54
55. शायरी 55 — 55
56. शायरी 56 — 56
57. शायरी 57 — 57
58. शायरी 58 — 58
59. शायरी 59 — 59
60. शायरी 60 — 60
कविता 01 - कोई है — 61
कविता 02 - थोड़ा वक्त लग रहा है — 63
गीत 01 - दिल का पता ना चला — 65
गीत 02 - वजह तुम बनोगे — 67
गीत 03 - बेइंतहा मोहब्बत — 71

प्रस्तावना

काग़ज़ सिर्फ़ लिखने की चीज़ नहीं होता, कभी-कभी ये उन एहसासों का ठिकाना बन जाता है जिन्हें इंसान दुनिया से छुपा कर रखता है। कुछ बातें आवाज़ बनकर लोगों तक पहुँच जाती हैं, और कुछ ख़ामोशियाँ शब्दों में ढलकर इन काग़ज़ों पर हमेशा के लिए ठहर जाती हैं।

"काग़ज़ : जज़्बातों का आशियाना" मेरी उन्हीं तन्हाइयों, मोहब्बतों, सवालों और अधूरी बातों का संग्रह है, जिन्हें शायद मैं कभी खुलकर कह नहीं पाया। इन शायरियों, कविताओं और गीतों में सिर्फ़ अल्फ़ाज़ नहीं, बल्कि मेरी ज़िंदगी के वो लम्हे मौजूद हैं जिन्होंने मुझे लिखना सिखाया।

मैं अपने परिवार, मित्रों और उन सभी अपनों का दिल से आभार व्यक्त करता हूँ, जिनके साथ, विश्वास और प्रेम ने मुझे हर दौर में लिखते रहने की हिम्मत दी।

अगर इन पन्नों में आपको कहीं अपना दर्द, अपनी मोहब्बत, अपनी ख़ामोशी या अपनी आवाज़ महसूस हो, तो शायद मेरा लिखना सफल हो जाएगा।

"काग़ज़ की अहमियत एक लेखक और एक सच्चा पाठक समझता है"

1. शायरी 01

लिखूँ जो काग़ज़ पे
वो कान्हा की बांसुरी की सरगम हो
ख़ुशी, प्यार, अल्फ़ाज़-ए-लफ़्ज़ में बसे
एक ऐसी कहानी, मेरी लिखी प्रेम हो

2. शायरी 02

मुझे बातों में उलझाया गया
सुलझा मैं बनारस में
वो गंगा का किनारा था
जहाँ खो गया मैं घाट-ए-आवाज़ के रस में

3. शायरी 03

इस काग़ज़ के आशियाने में
तूने कितने जज़्बात दफ़ना रखे हैं
कभी तो दिखा हमें भी
की तूने कितने ज़ख़्म-ए-दर्द छुपा रखे हैं

4. शायरी 04

वादों की नीयत नहीं होती पूरी होने की
हमेशा हसरत रह जाती है
कितनी भी कोशिश कर लो निभाने की
कुछ मोहब्बत में मोहब्बत कम रह जाती है

5. शायरी 05

बिक रही है मोहब्बत, बाज़ार में जिस क़दर
मुझे उसका ख़रीदार नहीं बनना
ना ही मुझे कोई शौक इतना इस ज़माने में
की फरेब-ए-दिल से ख़ुद को नहीं लूटना

6. शायरी 06

तुझे रातों में नींद कैसे आती है
तुझे चैन कैसे आता है
खो कर किसी अपने को
बता तुझे मलाल क्यों नहीं आता है
कुछ तो शरम-ए-हया कर
किसी अपने को तू बोझ लगने लगी है
वो तेरी हरकतों से थक गया है वही
तू किस क़ब्र को आशियाना बनायेगी
जब फूल डालने को होगा कोई नहीं

7. शायरी 07

मैं क्यों लिखता हूँ
मुझे मालूम नहीं
कैसे लिखता हूँ
मुझे मालूम नहीं
बस अदा लिखावट की है
जज़्बातों को बयां करता हूँ मैं
किसी को समझ आए या ना आए
मुझे मालूम नहीं

8. शायरी 08

मैं कब तक इसको बर्दाश्त करूं
मौक़ा मिले तो आज़ाद करूं
इसे कहते हैं दर्द, हर्षित हर महफ़िल में
अब तू ही बता, बयां कैसे जज़्बात करूं

9. शायरी 09

वो बरसाने में बसने वाली
स्मृति-ए-अमृता रखने वाली
नाम जिनका राधा रानी है
वो सबकी झोली में खुशियाँ भरने वाली

10. शायरी 10

साँस-ए-दिल की वो आख़री आवाज़ थी
कहा उसने, की एक बार दीदार करा दो उसका
फिर ज़नाज़े में ना आए तो भी चलेगा मुझे
कैसे बताऊ उसको मैं
की इंतज़ार जिसका कर रहा है तू
उसको फ़र्क़ ही नहीं, तेरे होने का
ना तेरे जीने का
ना ही तेरे मरने का
एक कतरा भी बहाएगी नहीं वो
ना होगा अफ़सोस, हर्षित तेरे क़ब्र में होने का

11. शायरी 11

कर रहा मैं साधना हर सवाल पूछ के
जवाब सारे है मेरी शायरियों में
की गवाह-साक्षी मैं ही हूँ
पर खोज रहा हूँ ख़ुद को, दूसरों की आँखों में

12. शायरी 12

की उन्हें नज़र ना लगे
कह दो अपनी निगाहों को
की उन्हें नज़र ना लगे
नज़्में, ग़ज़ले, क़त'आत कुछ लिख दो कागज़ पे ऐसी
की उन्हें किसी की नज़र ना लगे

13. शायरी 13

एक सवाल था
जिसका जवाब मिला मुझे ख़ुद में कहीं
की क्यों बदल जाते हैं लोग किसी को खो कर
और जवाब था,
की फिर वो वजह ना बने, किसी को खोने की कभी

14. शायरी 14

मेरे फूलों की खुशबू
तेरे बाग़ में खिल रही है
ऐसा क्यों किया हर्षित तूने
की अब तो मेरे चाँद की नज़र, ज़मीं से मिल नहीं रही है

15. शायरी 15

कर रहा दुआ, मैं उसके लिए
मैं आज भी वैसा हूँ
जानता हूँ वो, आएगी वापस नहीं
मैं तब भी क्यों बैठा हूँ
बस लिख रहा हूँ, ख़ुद को खो के मैं
मैं आज भी तो वैसा हूँ

16. शायरी 16

तेरा मुझे छोड़ जाने में, क्या गलती थी मेरी ?
अगर हाँ, तो बता पहले तूने मुझे सुधारा क्यों नहीं

17. शायरी 17

मेरी मौत का मातम मत मनाना
मनाना है तो जश्न मनाना
क्यों की बेग़ैरत की बाहों में रह के गुज़ारा है पल मैंने
समझ लेना चलो काम हुआ है एक दगाबाज़ इस ज़माने से
की हर्षित से ज़्यादा फ़रेबी-ए-बेवफ़ा तो कोई नहीं होगा

18. शायरी 18

मुझे दर्द बयां कर लेने दो
रोको नहीं मुझे लिखने से
अगर बद्दुआ लगी हो उसकी कहीं
तो उतर जाएगी नज़र मेरी, स्याही के काग़ज़ पे मिलने से

19. शायरी 19

की वो मिली मुझे फिर से एक अजनबी की तरह
की वो मिली मुझे फिर से एक अजनबी की तरह
ना वो हमसे नज़रें मिला सकी
ना हम बात कर सके उनसे कभी

20. शायरी 20

बढ़ गया है फ़ासला हम दोनों के दरमियाँ इस कदर
की बिन बारिश के भी आसमान रो रहा है
ये किस ज़ुल्म की सज़ा मुकम्मल हुई
ख़ैर ठीक है, वो ख़ुश रहे ज़हान में जहाँ है

21. शायरी 21

की मैं काँटों में ख़ुशबू ढूंड रहा था कहीं
उस वजह से मैंने ख़ुशबूदार फूल को खो दिया कहीं

22. शायरी 22

आज मलाल नहीं है
ना ही तेरे जाने का ग़म
बस फ़र्क इतना सा पड़ा है
की आज हर्षित की आँखें भी हैं नम

23. शायरी 23

एक बार उस परिंदे से पूछ लो
पूछ लो, की क्या देखा है
हर्षित की उन आँखों में
उन काग़ज़ के जज़्बातों में
तो शायद पता चलेगा तुम्हें
की रोती निगाहें भारी देखी
जीते जी मारते देखा
हाँ देखा मैंने उसको तबाह होते हुए
देखा, ख़ुद का जनाज़ा निकलते हुए
कैसे कहूँ की क़ब्र में जान नहीं होती है
उसे उम्मीदों से लड़ते देखा
हाँ देखा, हर्षित की उन आँखों में
उसकी इज़्ज़त जलते देखा
हाँ मैंने देखा, हर्षित की उन आँखों में
हाँ मैंने देखा

24. शायरी 24

बर्बादी क्या होती है
आबादी क्या होती है
जब महबूब ही ना हो मगर
तो ज़िंदगी जीने की वजह क्या होती है

25. शायरी 25

बोझ लगने लगी हो तुम मुझे
सोचा था की सुधार जाओगी
पर गलती सिर्फ मेरी थी
की बेवफ़ा से वफ़ा की उम्मीद मैंने रख ली

26. शायरी 26

कर रहा हूँ बातें
मेरी बातों में नशा है
जब करता हूँ, मैं उसकी बातों का सिमरन
मेरे नशे में सिर्फ़ उसका ही तो नशा है

27. शायरी 27

क्या कहूँ, बस रुक गया हूँ
खामोश हूँ और सोच में भी
पर क्या कहूँ, मैं थक गया हूँ
पर खोज रहा हूँ, ख़ुद को ख़ुद में कहीं
मिली तो ठीक हैं, ना मिली तो ठीक है
बस पूछ रहा हूँ कुछ सवाल, ख़ुद से यही
की मैं ठीक हूँ की नहीं

28. शायरी 28

सुनिएगा जनाब, की हर्षित का हर्षित होना ग़लत था
किस पे एहसान कर के भूल जाना ग़लत था
ख़ुद के ज़ख़्मों का इलाज़ ज़ख़्म से करता था वो
उसका तुम्हें माफ़ कर देना भी ग़लत था

29. शायरी 29

ये नक़ाब जो अक्सर पहनी रहती हो
अपना असल चेहरा नहीं दिखाती हो
ये किस तरह की फ़ितरत है तुम्हारी
की फ़रेब-ए-धोके के साथ, दिलों से खेलती रहती हो

30. शायरी 30

जिनका नाम ना हुआ, उन्हें बदनाम क्या करे
क्या करे ऐसा की कुछ काम ऐसा करे
की पूछ ले उनसे एक बार
की सिखाई कहाँ जाती है बेवफ़ाई तुझे
अब तू ही बता तुझे बदनाम कैसे करे

31. शायरी 31

अब अफ़सोस मना रहे हैं हम
की गलती हमारी थी
वो पल ना आया होता अगर
तो खुशियाँ हमारी थी
अब जो ख़ता हो चुकी है हमसे
तो रो के मिलेगा क्या
और कैसे कहे हम, की वो ज़िंदगी हमारी थी

32. शायरी 32

मेरे पैरों में ज़माने की बेड़ी थी
पर नाम हर्षित का लिख बैठे थे
कोई उसको शायर, बेदर्द, बेवफ़ा ही कहे क्यों
पर ना जाने कैसे हम, इस दिल की धड़कन को उसे दे बैठे
थे

33. शायरी 33

शाम ढले तो शाम ढले
ढले जो शाम, शाम ढले
फिर जो सुबह कभी आए
उससे पहले ही शाम के साथ ही शाम ढले

34. शायरी 34

इश्क़ की महफ़िल में बिकते हैं लोग
पर हमने तो उससे पहले ही ख़ुद को बेच खाया है

35. शायरी 35

हमें जिसने जान के लिखा होगा
उसकी ज़िंदगी में कितना गहरा कोहरा होगा

36. शायरी 36

हमें भूल गए अपने जो थे
हम आज भी उन्हें अपना कहते हैं

37. शायरी 37

जिनसे हमें मोहब्बत थी
उन्हीं को हम इनकार थे
हमने वफ़ा-ए-बेवफ़ाई में इतनी लिखी दी
अब वो भी हमें इनकार हैं

38. शायरी 38

ये बारिश आपके ग़मों को छू कर ख़ुद नम हो जाती है
ख़ैर समझ गए हम, आपकी तन्हाई अब ना कम हो पाती है

39. शायरी 39

ख़ुद की महफ़िल, ख़ुद के प्याले
वो टूटे सारे, बुझते जा रहे
मिले ना मोहब्बत जिसको
वो रोते सारे, मरते जा रहे

40. शायरी 40

आपस की बातें आप आपस में सुलझाइए
क्यों की दर्जी रिश्ते सिया नहीं करते

41. शायरी 41

मरहबा, जब भी तेरी याद आए मुझे
तो आँखें नम हो तो भी चलेगा
पर इन होंठों पे मुस्कुराहट आनी चाहिए
तू ख्वाब-ए-ख़ास है मेरी ज़िंदगी में
तेरे बिना अधूरा है सफ़र यहाँ मेरा
पर तेरे नाम से इन होंठों पे मुस्कुराहट आनी चाहिए

42. शायरी 42

इल्ज़ाम तो मुझपे ही लगेगा
की जाना तुम्हें था तो जाने दिए हम
ख़ुद के गिरेबान में झाँका नहीं होगा तुमने
की कितनी गलतियों से घिरी हुई थी तुम

43. शायरी 43

हमें ज़ख्म देने वाले
ख़ुद ज़ख्मों से घिरे हुए हैं
हमें बेवफ़ा कहने वाले
ख़ुद वफ़ाएँ ढूँढ रहे हैं
ये तो वही बात हो गई जनाब
महफ़िल में शराब भी है और सबब भी
मगर हर्षित,
इन दोनों के मुँह नहीं लगते हैं

44. शायरी 44

की मेरे जनाज़े में ना आना
मैं वहाँ मिलूँगा ना तुम्हें
जो दर्द समेटे हैं ना मैंने
क्या पता, कब का राख बन चुका होऊंगा उससे

45. शायरी 45

जिस दिन तेरी मौत होगी हर्षित
उस दिन जो मंज़र होगा
तू देख ना पाएगा उस आयाम को
वो ख़ुशी का समंदर होगा

46. शायरी 46

ये क्या कर लिया हर्षित
क्या मोहब्बत से सौदा कर लिया ?
आज तो आसमान में सितारे भी ना चमके
क्या बेवफ़ा से वफ़ा कर लिया ?

47. शायरी 47

जिसने मोहब्बत को तार-तार कर दिया
उसके घर की हालत पता करना
बिकता तो है सोना बाज़ार में
एक बारी उसके आँसुओं की क़ीमत पता करना

48. शायरी 48

एक क़ब्र है
और उसमें हम हैं
फ़रियादें करते हैं, ज़िल्लत उठा के
बस इसी कश्मकश में हम हैं

49. शायरी 49

हमें ख़ुद में बसाना आपकी फ़ितरत थी
हम कौन थे, हमें मालूम नहीं
शौकियाँ नज़्म लिखना हमारी आदत थी
आप कौन थी, हमें मालूम नहीं

50. शायरी 50

पागलों में पागल मैं
मैं इश्क़ बेहिसाब करता हूँ
फ़र्ज़ी तो लोग होते हैं
मैं फ़र्ज़ भी अदा करता हूँ

51. शायरी 51

कहते हैं मोहब्बत बर्बाद कर देती है
कहते हैं मोहब्बत बर्बाद कर देती है
अगर मौक़ा मिले तो क्या चुनोगे ?
आबादी की बर्बादी चुनोगे ?
जनाब-ए-हर्षित सवाल थोड़ा पेचीदा है
पर जवाब बहुत ही सीधा है
अगर बर्बादी चुनी और उसने देखा तो रो पड़ेगी
अगर आबादी चुनी और उसने देखा तो भी रो पड़ेगी
बस फ़र्क इतना सा है
की बर्बादी देख के वो दुख के आँसू रोएगी
और आबादी देख के मेरी वो ख़ुशी के आँसू रोएगी

52. शायरी 52

अगर तुझे कोई चाहे तेरे गुनाह देख के
उस जैसा ना मिलेगा तुझे किसी दरगाह पे जा के

53. शायरी 53

वो आई मेरे क़ब्र पे रोते-रोते
मैं चाह के भी उसके आँसू पोंछ ना सका
कितना बेचैन हुई होगी वो
मेरा दिल अंदर ही अंदर जल पड़ा

54. शायरी 54

दर्द की प्याली का मज़ा
कुछ सौम्य रस-सा होता है
एक बार छलक जाए तो नशा
वरना ग़मों का सैलाब-सा होता है

55. शायरी 55

टूट के बिखर गया
वो यादों का समंदर था
जिस कमरे को सजा रहा हूँ मैं
वो फ़रिश्तों का बंधन था

56. शायरी 56

शब्दों का आशियाना कुछ ऐसा होता है
कुछ को मिलता है, और कुछ का सब उजड़ जाता है

57. शायरी 57

ना किसी और के लिए जीना चाहते हैं ना ही मारना
जिसने मेरी किताब लिखी है ना हम उसके लिए हैं फ़ना

58. शायरी 58

कहते हैं, वक्त जज़्बातों से नहीं बदलता
मौक़ा देने से बदलता है

59. शायरी 59

मैं क्यों जिंदा हूँ? नहीं मालूम !
ना मौत आती है ! ना जीने देती है
क्यों हर्षित-ए-ज़िंदगी के सितारों में बेवफ़ाई लिखी है
ना खुश रहने देती है ! ना ही सोने देती है

60. शायरी 60

ज़िंदगी एक तमाशा है
और हम इसके किरदार हैं
किसके हाथ में डोर होगी
किसके हाथ में कहानी
ये तो पता नहीं
जो पता है वो ये
की उसकी कठपुतली बन के हम नाचेंगे
वो अपने इरादों से हमको रुलाएगी
इस कदर वो हमको सताएगी
की कहना पड़ जाएगा
की ज़िंदगी एक तमाशा है
और हम इसके किरदार हैं

कविता 01 - कोई है

कोई है, जो बहुत ख़ास है
कोई है, दिल के बहुत पास है
बिना उसके हम अधूरे
और अधूरी ये साँस है
कोई है,
कोई है, जो कान्हा की बांसुरी की सरगम है
कोई है, जो मेरी राधा और हमदम है
कोई है, जिसकी मोहब्बत ने बनाया है मुझे
जीना क्या होता है सिखाया है मुझे
कोई है, जिसने शायर बनाया है मुझे
कोई है,
कोई है, जो मेरा अपना है
कोई है, जो हक़ीक़त है ना कोई सपना है
कोई है, जो दूर भले हो पर अपना है
उससे दिल का रिश्ता ऐसा जुड़ा है
की दूर भले हो पर वो अपना है
वो अपना है
अल्फ़ाज़ों में उसके अक्सर खो सा जाता हूँ
मीठी होती हैं उसकी बातें, की मैं खो सा जाता हूँ
रातों में उन सितारों की तरह है वो
इंतज़ार जिसका करते-करते ये दिन कट जाता है
टिम-टिमाती उसकी आँखें देखना चाहता हूँ मैं
आशिक़ी में उसकी धड़कन बन के रहना चाहता हूँ मैं

कविता 01 - कोई है

कोई है,
कोई है, जो बहुत ख़ास है
कोई है, जो दिल के बहुत पास है
बिना उसके हम अधूरे
और अधूरी ये साँस है
कोई है, कोई है.....

कविता 02 - थोड़ा वक्त लग रहा है

ठीक है, थोड़ा वक्त लग रहा है
तो मुझे सँभाल लेना
शायद एक बार हार मान के बैठ जाऊँ कभी
तो मुझे साध के समझा देना
रुकने ना देना मेरे ये कदम कभी
मुझे उम्मीदों के सितारों से बाँध देना
अपने प्यार के अंदाज़ से इस दिल को संवार देना
की मुझे आगे बढ़ने का हौसला देना
मेरी किस्मत बन के
मुझे कामयाबी नवाज़ देना
ठीक है, थोड़ा वक्त लग रहा है
तो मुझे सँभाल लेना
तो मुझे सँभाल लेना

गीत 01 - दिल का पता ना चला

(शायरी)

"कुछ पन्ने कहानी बताते हैं.....
और कुछ उसी कहानी में मिट जाते हैं....."

(अंतरा 01)

जब से पता चला
तेरी वफ़ा का,
जो दिल दे बैठा था
वो टूट ही गया।

(प्री-कोरस 01)

सच तो ये था..... तू पहले ही बदल चुकी थी,
मैं ही था..... जो वाक़िफ ना हुआ कभी।

(मुखड़ा)

दिल का पता ना चला,
परिंदा छोड़ के चला गया। ×3

(अंतरा 02)

रात की सड़कों पर
मैं खामोश सा था,
जो कुछ भी बचा था मुझमें
वो सब बह सा गया।

(प्री-कोरस 02)

सच तो ये था..... तू पहले ही बदल चुकी थी,
मैं ही था..... जो वाक़िफ ना हुआ कभी।

(मुखड़ा)

दिल का पता ना चला,

परिंदा छोड़ के चला गया। ×3

(ब्रिज)

बनना ही था बेवफ़ा अगर,
तो सीख लेती हर्षित से जाकर।

(अंतिम मुखड़ा)

दिल का पता ना चला,
परिंदा छोड़ के चला गया। ×3

(आउट्रो - धीमा)

दिल का पता ना चला,
परिंदा छोड़ के चला गया.....

गीत 02 - वजह तुम बनोगे

(प्रारंभ)

वो कहती थी..... कहती थी
मेरे जाने की वजह तुम बनोगे
वो सहती थी..... सहती थी
एक दिन तुम तड़प के सीखोगे

(मुखड़ा)

मेरे जाने की वजह.....
तुम बनोगे

(अंतरा 01)

जलते हैं..... जलते यहाँ
हम रोज़ तेरी यादों में जलते हैं
मरते हैं..... मरते यहाँ
हम दिन-रात तन्हाई में मरते हैं

(प्री-कोरस 01)

जाओगे तुम जिस महफ़िल में
वहाँ मेरी कमी समझोगे

(मुखड़ा)

वो कहती थी, कहती थी
मेरे जाने की वजह तुम बनोगे
वो सहती थी, सहती थी
एक दिन तुम तड़प के सीखोगे
मेरे जाने की वजह.....
तुम बनोगे

(अंतरा 02)

गीत 02 - वजह तुम बनोगे

बैठे हैं..... बैठे यहाँ
जैसे किसी क़ब्र पे बैठे हैं
रहते हैं..... रहते यहाँ
हम उस ज़ख़्म के साथ रहते हैं

(प्री-कोरस 02)

दूजी ख़ुशबू से धोखा जो मिलेगा
फिर तुम मेरी बातें समझोगे

(मुखड़ा)

वो कहती थी, कहती थी
मेरे जाने की वजह तुम बनोगे
वो सहती थी, सहती थी
एक दिन तुम तड़प के सीखोगे
मेरे जाने की वजह.....
तुम बनोगे
तुम बनोगे.....
तुम बनोगे.....

(ब्रिज)

हमको तो तुम मिली नहीं
तो हम दरियों से पलकें भिगोते रहे
तेरे बिना हर्षित का दर्द कम ना हुआ
तो हम भी हकीम बदलते रहे

(प्रतिध्वनि)

बदलते रहे.....
बदलते रहे.....

(अंतिम मुखड़ा)

वो कहती थी, कहती थी
मेरे जाने की वजह तुम बनोगे

गीत 02 - वजह तुम बनोगे

वो सहती थी, सहती थी
एक दिन तुम तड़प के सीखोगे
मेरे जाने की वजह.....
तुम बनोगे.....
मेरे जाने की वजह.....
तुम बनोगे.....

(धीमा समापन)

तुम बनोगे.....
तुम बनोगे.....

(शायरी)

"जैसा तुम्हें चाहिए था
वैसा हर्षित बन गया हूँ
बस इतनी सी कमी है
कि आज तुम मेरे साथ नहीं हो"

(समापन)

तुम बनोगे.....
तुम बनोगे.....

गीत 03 - बेइंतहा मोहब्बत

(शायरी)

बेपरदा हो गया सच,
झूठ का नक़ाब भी बचा नहीं
तू खेलती रही जज़्बातों से मेरे,
कि मुझमें अब मैं भी बचा नहीं

(अंतरा 01)

तुझे भूलने की ख़ातिर,
मैंने सब बर्बाद कर दिया.....

(प्रतिध्वनि)

सब बर्बाद कर दिया.....
जो कुछ बचा था मुझमें,
वो भी सरेआम नीलाम कर दिया.....

(फुसफुसाहट)

नीलाम कर दिया.....

(मुखड़ा)

बेइंतहा मोहब्बत की,
अब अज़ान नहीं होती.....
साँस तो चलती रहती है,
पर जान नहीं होती..... ×2
बेइंतहा मोहब्बत की,
अब अज़ान नहीं होती.....

(अंतरा 02)

मिले थे जिस गली में,
उस गली की इबादत बदल गई है

गीत 03 - बेइंतहा मोहब्बत

दुआ में तेरा नाम नहीं,
अब ख़ामोशी झलक गई है
देखा है हमने तुम्हें इस क़दर,
कि तुम्हारी नीयत बदल गई है
तुम्हारी मुस्कुराहट के पीछे,
मेरी तक़दीर जल गई है

(मुखड़ा)

बेइंतहा मोहब्बत की,
अब अज़ान नहीं होती.....
साँस तो चलती रहती है,
पर जान नहीं होती..... ×2
बेइंतहा मोहब्बत की,
अब अज़ान नहीं होती.....

(ब्रिज)

तक रहा हूँ आसमानों को मैं,
कि हर्षित जैसा सितारा बन जाऊँ.....
तेरे ज़ख़्मों से मिल जाए रिहायत,
कि सुकून-ए-कफ़न का आशियाना बन जाऊँ.....

(अंतिम मुखड़ा)

बेइंतहा मोहब्बत की,
अब अज़ान नहीं होती.....
साँस तो चलती रहती है,
पर जान नहीं होती..... ×2

(धीमा समापन)

बेइंतहा मोहब्बत की,
अब अज़ान नहीं होती.....

गीत 03 - बेइंतहा मोहब्बत

www.ingramcontent.com/pod-product-compliance
Lightning Source LLC
LaVergne TN
LVHW090331210926
848480LV00004B/1375